AF607193

VOCACIÓN DE NÁUFRAGO

NILTON SANTIAGO

VOCACIÓN DE NÁUFRAGO

Premio Juan Gil-Albert
XLII Premios Ciutat de València

VISOR LIBROS

VOLUMEN MCCLXIV DE LA COLECCIÓN VISOR DE POESÍA

Un jurado presidido por Santiago Ballester Casabuena, y formado por Jesús García Sánchez, Carmen Palomo Pinel y Antonio Praena, acordó conceder el Premio Juan Gil-Albert de poesía en castellano, de los XLII Premios Literarios Ciutat de València, a la obra *Vocación de náufrago* de Nilton Santiago.

En coedición con

Ilustración de cubierta: Nilton Santiago

Isaac Peral, 18 - 28015 Madrid
www.visor-libros.com

ISBN: 978-84-9895-607-8
Depósito Legal: M-5282-2025

Impreso en España - Printed in Spain
Gráficas Muriel. C/ Investigación, n.º 9. P. I. Los Olivos - 28906 Getafe (Madrid)

SED DE EQUILIBRISTA

DOS VERSIONES DE UN POEMA DE SZYMBORSKA

La luna es la brújula de los trenes desorientados,
pienso al subir al vagón —aún de noche—,
como un hipocampo que, por voluntad propia,
entra en un acuario.

A mi lado,
una mujer-hipocampo viaja absorta en su móvil.
En él, trascurren los idiomas,
las risas hilarantes
de alguien que ha hecho un vídeo
de un bulldog que sabe ir en patinete.

Yo leo a Szymborska
y es como si una medusa inmortal
me leyese la suerte.

(Ya lo decía mi abuela:
más que recordarnos algo,
la memoria nos *lee* los naipes).

No puedo concentrarme,
es la segunda vez que leo este poema
y son dos poemas totalmente distintos.

En la primera versión,
Wisława recogía las esquirlas
de una bomba caída en un geriátrico.

En la segunda versión,
una mujer preparaba una tarta de higos
para el fantasma de su marido.

Las dos versiones son falsas, supongo.
«La verdad» no es más que un erizo de mar
flotando dentro de una pompa de jabón.

Empiezo a irritarme por el ruido de los vídeos.
Miro a la mujer que, a pesar de estar a mi lado,
se aleja cada vez más.

Incluso mi imagen,
reflejada en la ventanilla del tren, se aleja,
hasta que me quedo solo,
sin imagen, sin tren, sin tiempo. Sin mí.

Wisława diría que también el poema
vive en ese vacío que ilumina,
en esa *nada* que lo contiene *todo*.

¿Son los libros, entonces, los que nos pasan página?

EL HÁBITO DEL MONJE

El poema, en los márgenes, cierne palabras
hasta que encuentra esas que dicen.
Ni siquiera le hace falta pronunciarlas, mencionarlas.

¿Dijo «bola de fuego» o «haz de luz»
el primer *sapiens* que vio un cometa?
Seguro que pensó palabras,
las cernió en esa red que llamamos conciencia,
tal vez balbuceó algo parecido a la palabra «cometa».
Nunca lo sabremos.

Las últimas palabras que me dijo mi padre
fueron «hola, papá».
Sonreía, como una lluvia débil.
Podría haberme llamado por mi nombre,
por esa palabra que me identifica,
pero no lo hizo.

El primer *sapiens* que vio un cometa
quizá estaba al borde de un río, bebiendo,
viendo su cara homínida sobre el agua
creyendo que sería eterno,
hasta que vio el cometa al verse.

¿El poema es el agua que se lleva el reflejo
de lo que creemos ser?

Así como el hábito no hace al monje,
el hijo no hace al padre
hasta que él nos llama por su nombre.

ALERGIAS

No deja entrar al gato que, tras la puerta de cristal,
le señala el corazón.
El hombre se pasa todo el año solo
y se ha hecho amigo del gato del vecino.

Le arroja sardinas a la nieve,
le da de beber el agua de su brújula
y hasta hacen la siesta juntos.
El gato, por ello, lo mira confundido.

Esta vez nos alojaremos en su sótano,
donde aún habita el miedo
de las enfermeras de guerra
(que, en la oscuridad, ven brillar mis heridas).

Los aullidos del gato nos persiguen.
No lo deja entrar porque a ella, su hija,
le da alergia.

Deshacemos las maletas,
como si nos deshiciéramos a nosotros mismos.

La cena está servida, subimos
y nos sentamos a charlar.

Trump, las bombas sobre Gaza
y el zorro que acabamos de ver en el bosque
ocupan nuestras bocas.

«Cierta vez, ese hombre negro
vino corriendo a la consulta,
se le había despegado la oreja
y se le resbalaba por la mejilla.

Una mujer que iba en el metro
se puso a chillar como una hiena,
she fainted»,

nos cuenta él, imitando en inglés
la voz del afroamericano,
un cliente al que le hizo una prótesis de oreja.

Reímos mientras parte de mí
se imagina la vida como una prótesis,
como algo que no es nuestro
y que se nos *resbala.*

Ayudo a recoger el servicio y otra vez lo veo:
el gato mirándonos
tras la puerta de cristal de la cocina.

Esta vez me señala a mí el corazón,
que cae sobre la nieve
como una sardina congelada.

De pronto descubro que soy yo
el que os mira desde fuera
mientras tu padre y tú resplandecéis

como dos animales que acaban de nacer
desde la misma grieta.

No cabe duda,
así como «escribir» es borrar palabras,
        desaparecer
es la mejor forma de estar en todas partes.

UNA MONEDA TIRADA AL AIRE

Diego cayó por el *hueco* del ascensor.
Ese era su trabajo.
No era caer, no, sino reparar ascensores averiados.

Lo conocí en una comida.
Él devoraba una liebre,
como si fuera un alcaudón verdugo.
No paraba de hablar
y hacía reír hasta el tatuaje de Frida Kahlo
que llevaba en el antebrazo.

Su mujer se mantuvo callada
y se limitó a fumar, ausente,
como si esperara que un farmacéutico
le arrojase ansiolíticos
por una de las grietas del miocardio.

Diego no se llevaba bien con su suegra.
«Es tan ambigua que ha intercambiado su lugar
por el de la cabra
y la soga.
El día que la entierren,
ojalá que sea boca abajo.
Por si se le ocurre escarbar», dijo.

Hasta al tatuaje de Frida Kahlo
le pareció un chiste malo.

No volví a ver a ninguno de los dos.
Eran amigos de mi ex,
como lo era el apartamento y el ascensor averiado
en el que el fantasma de Llamp
aún sigue atrapado:
                                        sí, aún lo oigo ladrar.

Años más tarde supe que Diego había caído,
        boca abajo,
reparando ese mismo ascensor.

Cada vez que paso por mi antigua casa,
—que ahora parece un psiquiátrico para cigüeñas—
lo veo caer, sí, veo caer a Diego

y también veo a *eso que fui* cayendo.

Hay quien busca medias naranjas
partiendo todas las que se encuentra.
(Y, por ello, si escupes al aire que sea cayendo).

¿Es ese querer ser en el otro
una moneda tirada al aire
                                                  que nunca cae?

SEMILLAS O «YOS» DISPERSOS

(Angkor, Camboya, 8 de diciembre de 2016)

Estar solo es estar frente a una multitud.

La lengua y el hueso de la lengua
no suelen definirnos,
sino nombrarnos o decir eso que vemos,
como ahora, que dejo de estar aquí y de ser yo
para ser una multitud
y también esta semilla que rueda.

Una mujer las arroja a un campo al lado del camino,
como si le diese de comer a la tierra.
Supongo que es consciente
de que algunas caen fuera del *espacio*,
hacen una parábola y ruedan hasta la vía.

Yo espero, sentado en un tuk-tuk.
El chófer se ha marchado a comer.

Ese fue el acuerdo: yo vería templos
y él iría a comer
si pasábamos por la cabaña de su madre.

Los acuerdos no nos hacen distintos a los otros
animales,
lo saben el pájaro y el búfalo de agua,
las abejas y las flores
o la flora bacteriana y los humanos.

Desde dentro de mí,
veo que varios macacos cangrejeros
bajan de la colina.
El chófer me advirtió que vendrían a mendigar comida.

Tras ellos, el sol se derrite sobre las nubes,
como una bola de helado de vainilla.

Ahora soy yo
el que come e intenta espantar a los monos
que ven, amenazantes, mis brochetas de cerdo
(una anciana las vendía por un dólar).

El chófer enciende el motor
y espanta a uno de los macacos que, sin querer,
patea la semilla y la devuelve al campo de cultivo.

La mujer que las sembraba sonríe,
su alma llena de intersticios me ilumina.

Entonces veo, extrañado, que es otro,
que es un nuevo chófer.
Será un acuerdo entre ellos,
como el del macaco y la mujer, pienso.

El nuevo chófer me dice que hace poco murió su madre
y que aun así continúa viniendo a comer.

Y sí, puede que se vuelva a casa
    o se escriba un poema,
para recibir el testimonio de un espectro.

¿No será el azar los «volantazos» que da el destino?

PASOS EN FALSO

¿La edad nos obliga a reinventar el pasado?
Solo sé que fuimos porque se te incendió la espalda
por las «curaciones» de tu madre
—se le cayó la vela encendida sobre el alcohol
y te prendiste fuego.

Mientras esperaba, sentado, mis pies de koala
apenas llegaban al suelo.
Era tan pequeño que no sabía qué significaba ser un yo.

La sala de espera del ambulatorio
estaba llena de funambulistas
que cruzaban sobre las sondas de los enfermos.

«¡Apártense!», gritaron de repente.
Ni siquiera atiné a moverme,
como un insecto que descubre
que acaba de caer en la tela de araña. Lo vi.

Era un hombre tumbado en una camilla
con la camisa abierta.
No dejaba de vomitar,
como si estuviera dando a luz a una *malagua.*
Confieso que tuve miedo.

Supongo que también tú, papá.
No debe de ser fácil ver cómo se pierden las alas calcinadas,
y sentir que unos cristales rotos
te florecen en la espalda

—al intentar apagarse las llamas,
se arrojó sobre los vasos de cristal
con los que le hacían «la cura».

Poco después, uno de los médicos salió
y se dirigió a una mujer:
«No lo ha conseguido», le dijo.

Por una llamada de teléfono
supe que la rueda de un camión se había desprendido
y había golpeado al pobre hombre
que, distraído, cruzaba el paso de cebra.

La mujer se vació tanto de sí
que se hizo transparente, traslúcida,
como una *malagua* recién nacida.

Pasaron horas hasta que ella tuvo el valor
de bajar la sábana —empapada de saliva y miel—
para despedirse.

Fue entonces cuando la vi:
era mi infancia
con dos monedas sobre los ojos.

Esa parte de mí traicionada que ahora me busca.

Quizá porque solo llega a envejecer
una versión de nosotros:

esa a la que tanto temíamos.

CÓMO EVITAR QUE UN IMPERTINENTE SIEMPRE TENGA LA ÚLTIMA PALABRA

Las palabras son un territorio.

En ellas caben árboles e incendios.
También lo que acecha, lo que respira
y hasta los sismos y tsunamis
del yo disuelto.

Y así como hay carencias que nos completan,
también hay palabras
que prefieren vivir en la lengua
antes que *ser* en el poema.
Como si existir fuera [ya] no decir.

Las hojas del block de notas tienen vida propia.
¿También el viento escoge qué leer,
así como el pájaro que elige morir a solas,
o el padre que decide nacer del hijo?

Intento escribir lo que veo,
pero el aire mueve las hojas, como las alas de un pez.
Igualmente, ser uno solo en este parque infantil
es resignase a no tener territorio.

Me explico: aquí *ser* es converger,
no lo digo yo, lo dicen los abuelos y los niños y los perros
que corren con sus patas de palo.

Convergen porque ven por el mismo ojo que los ve.

El viento me deja, por fin, tomar unas notas,
pero la frase, el apunte, la costura sobre el papel,
se resiste.

Estoy seguro, la palabra no quiere pisar la trampa:
existir.

Al menos no en el poema.
Puede que en los manuales de álgebra
se sienta más cómoda y allí cobre más sentido
el: {yo/(padre-tú)}

(la división de lo que *simbolizamos*
entre su antecesor y nosotros).

Ser en las palabras es menos frágil que ser en el hueso,
o en el metro o en el bar o cruzando el Amazonas,
eso lo sabemos.

¿Lo recuerdas?
Nos señalaron a aquel oso perezoso
aferrado a un árbol,
a pocos metros de la orilla.

Pensábamos que el animal se arriesgaba demasiado,
que se ponía a tiro estando tan cerca del agua;
cualquier cerbatana lo atravesaría
sin apenas ensuciarse de sangre.

La palabra se comporta como el perezoso,
se pone a tiro en el poema para que la nombres,
para que la invoques.

Ahí radica el secreto para no existir:
ponerse al descubierto.
Así el poema, que camina a tientas por el papel en blanco,
no la ve.

Pero ahora no es el viento,
ni los perros con sus patas de palo,
es el poema mismo el que se pone a tiro
para que no lo podamos ver.

Cierro el cuaderno y vuelvo a casa,
viéndome al mismo tiempo marcharme.

También el poema nos ve
por el mismo ojo por el que lo vemos.

¿EL *YO* ES EL POLVO BAJO LA ALFOMBRA DEL SER?

Así como una gota hirviente de té
llega al suelo ya tibia,
así llega el poema al papel.
¿Les pasará lo mismo a las alas de polilla?

No me lo explico. Cada día, al levantarme,
barro mi antigua habitación en casa de mis padres.
Esa que aún guarda los rastros de mi *yo* crisálida.

Y, sí, día tras día, además de polvo,
barro, alas de polilla.
Cientos de ellas flotan y brillan.

«¿Pero de dónde salen?», le pregunto a Bruno.
Él cree que caen de mí.

Mi vieja mesa de trabajo
o los libros de Moro o de Adán tiemblan
cuando les quito el polvo.

Parecen espectros de gatos
a los que intentas cepillar los dientes.

¿Puede que ese polvo que vemos a contraluz
—por el resplandor que entra por las ventanas—,
esté compuesto por nuestras células muertas?

Es decir,
¿todo aquello que quito de las superficies
es, en realidad, mi propia piel?

Horas después, Caroline me manda una noticia
que dice que, además de células,
el polvo está compuesto de polen,
bacterias, cabello, moho, cenizas.

¿Cuánto de nuestro yo muerto habitará en los libros?

¿Serán ellos nuestras verdaderas sepulturas?

Voy al salón,
han podido *despertar* a mi padre para darle el desayuno.
Me siento a su lado,
aunque ya no puede tragar.

El contenido del recogedor empieza a brillar
hasta que me veo, sí, es mi vida hecha polvo
y llena de alas

junto a la cama hospitalaria.

MUERTE DE AQUILES

Ser uno con la certeza, con el ojo del espejo
por el que mira,
como si todo el piso de pensionista
estuviera lleno por un vacío que cicatriza.

Estar solo es estar frente a una multitud.

Lo saben las fotos —sepia— apiladas bajo las gafas,
el fantasma del hijo y de la exmujer
o las viejas medallas de héroe de guerra
que ya no tienen el peso para sujetar su alma
(como si un pisapapeles ya no tuviera la fuerza
para sujetar el peso del poema
que nos nombra).

Ha llegado la hora.
Cierra las cortinas como si abriera un bosque.
Toda su sangre es como un incendio de átomos.

Y, desde ahí, desde su viejo sofá vegetal,
uno ya con sus huesos y su reumatismo,
mira el cuadro donde sonríe bajo el yelmo,
volviendo del frente.

Su carta de despedida le llegó ya a Herbert
—mi suegro, otro pájaro de nieve—,
así que ya puede tirar de las alas del hipogrifo
para bajar el telón.

No hace falta poner a la hora su viejo reloj de arena
ni esperar los nuevos resultados de la
    quimioterapia,
sesenta años como médico son suficientes
para saber que la metástasis te abraza hasta
    abrasarte.

No hay tiempo para saldar deudas
—si las hubiese—,
tampoco para lamer la hiel que brota del miedo.
Ha preparado la jeringuilla por última vez
y la acerca a su talón,
donde una antigua cicatriz le recuerda
que el cuerpo no es más que el vendaje del alma.

Cuando su teléfono timbra,
es su otro yo el que lo llama
y le dice que por fin terminó la guerra.

¿Hay traiciones que nos salvan?

¿O es que debemos buscar el sentido de la vida
hasta descubrir que vamos
                                        en dirección contraria?

VOCACIÓN DE NÁUFRAGO

He vuelto al viejo acuario donde siempre puedo ser yo.
Lo visito desde niño,
cuando creía que los peces brotaban de semillas,
de las mismas que, según me dijeron, «todos» brotamos.

Pero no lo reconozco.
En la primera pecera
—en la que solía habitar una salamandra—,
han escrito que la raya «cola de vaca»
es el único pez que parece «mugir».

Y sí, ahora hay una raya que se me acerca,
queriendo decirme algo,
—debe ignorar que soy su asfixia detrás del cristal.
Su pequeño hocico toca la punta de mis dedos,
pero al verme reflejado en ella, la abandono:
es lo único que sé hacer.

Por lo visto, en cada una de las peceras
los animales quieren hablarme.

¿Cómo nos veremos a través del cristal,
si solo somos reales en los ojos que nos ven?

Soy el único visitante,
lo comprendo al ver cómo trotan hacia mí, relinchando,
los caballitos de mar.
Salgo, huyendo de lo que soy.

Este es el único acuario
donde son los peces quienes vienen a ver
a los que caemos.

Deben de creer
que la vocación de náufrago
es más necesaria que la de marinero.

¿Hasta cuándo nos pedirán cuentas
esos que hemos dejado de ser?

LA MADRE DEL CORDERO

ATRAVESAR EL LENGUAJE CON LOS FAROS ESTROPEADOS

#sunset #capformentor #goodvibesonly

Como dos monjes zen entrando en un *after*,
así de perdidos nos sentíamos.

El camino era y no era un camino.
Había desniveles tan pronunciados
que, de ver el mar, pasábamos a limpiar las nubes
que irrumpían en el salpicadero.

Las manos, al conducir, te sudaban.
Es lo que tiene ir pensando que caerás.

Uno de los faros estaba estropeado y había niebla.
Era lógico que te enojases:
fue idea mía alquilar ese coche tragaperras.
«Al menos flotará mejor si caemos», bromeé.
El plan romántico se fue al garete.

Cuando llegamos, en lugar de ver juntos el atardecer
—como las otras parejas—,
no nos dijimos ni una sola palabra.

¿Somos también
cuando somos un lenguaje que se rompe?

¿Los monjes reafirman su condición de monjes
si se sientan en la barra del *after*
y se piden un gin-tonic en un cuenco tibetano?

Hay palabras que, cuando se dicen, crujen

como el fuselaje de un avión
después de haber sido impactado
por una bandada de gaviotas.

(Esas son las palabras
que confluyen también en el poema:
las que crujen para decir).

Por eso es mejor callarse.
Algunos creen que el lenguaje es una llave.
Pero eso depende.

Ese mismo día, al volver,
nuestro lenguaje era esa niebla
que tuvimos que atravesar
con uno de los faros estropeados.

Ya en el hotel,
vi que el silencio había echado raíces en la cama,
así que me tumbé dándote la espalda.

Al poco rato te oí:
—La vuelta fue más fácil porque el coche es pequeño.
—Muchos errores no son más que aciertos
adelantados a su tiempo, dije.
—Las serpientes nunca dan pasos en falso, ¿no?,
me respondiste.

El lenguaje:

pasar la noche con un ángel
y despertar con las manos
de un veterinario de erizos.

MAL DE OJO

Tiene cerca de mil años
y su savia roja ha sido utilizada
tanto como para rituales mágicos
como para barnizar violines.

Sangre de Drago, la llaman.
La vemos aquí, discurriendo solitaria
en una planta herida por un picotazo del tiempo.

No dejo de pensar que, de niño,
me la daban para el dolor de estómago
o para tratarme del mal de ojo,
eso que sucede cuando el espíritu de alguien
«te mal mira».

Quizá porque los seres oscuros
viven de la luz que te rodea.

Un lagarto se detiene frente a nosotros
y nos mira fijamente.
Siento que su mirada cae dentro de mí,
como si su sangre fría
ocupase de pronto nuestra mirada.

El lagarto huye al ver que quiero fotografiarlo.

Me riñes:
«no debes verte en los animales de sangre fría».

«Caben seis personas dentro del Drago milenario»,
nos dijo la chica que nos dio el mapa del parque.

Seis personas caben dentro de ti,
como esas seis edades
que poco a poco van desapareciendo
en nosotros
porque somos, en realidad, un único fantasma.

El lagarto vuelve, pero ya sin cola.

Puede que así haya sido la niñez:
ir perdiendo partes de nosotros
para seguir siendo.

MUSEO DE LA REVOLUCIÓN

Con el ángel caído empieza la gravedad.
Rafael Pérez Estrada

«Los bordes de la pizza que nadie se come
es lo que le da forma a la pizza», dices
mientras intentas sostener un trozo que se te escurre,
como una quimera o un Estado fallido.

Pagas con una docena de billetes,
con tanta inflación,
terminaremos pagando con ansiolíticos.

Una mujer se te acerca, no te pide dinero,
ni siquiera un trozo de pizza,
te pide «una pastilla de jabón».

Sus manos emplumadas
parecen las de un ángel fumador.

Te lo esperabas,
abres el bolso y, entre una lluvia de mirlos y equinoccios,
sacas tu último jabón,
blanquísimo, como un colmillo de serpiente.

Ella lo recibe con las alas llenas de nicotina
y se marcha alzando el vuelo.

El cielo siempre reclama lo que es suyo.

Y no, la fe no mueve montañas, las distorsiona.

LA ISLA SIN PESO

Te pones las gafas de bucear y, por fin, te arrojas al agua.

El guía te espera, mientras acaricia una tortuga.
«Los peces no tienen todo el día», nos increpa.
Tú sigues enfadada:
«no hay nada peor que un mal desayuno»,
le dices a Neptuno, que te recoge entre sus manos.

Intentas sumergirte con las aletas,
cerrando las branquias y soñando que caes.

Es tu forma de descender: pensar que caes.

«Los corales son la piel del mar»,
te dice el hombre antes de sumergirse.

Yo prefiero quedarme en la barca,
viéndome reflejado en los trozos de medusa
que flotan sobre el mar.

De repente, veo, a través del agua cristalina,
que una multitud de peces se te acerca
y nada a tu alrededor.

Hasta la tortuga de Neptuno te mira,
como pidiéndote que le acaricies la cabeza.

Pero pronto descubrimos el engaño,
yo desde la barca y tú desde el agua:

escondido entre los corales,
el hombre abre una bolsa con trozos de pan
y los deja expandirse
para atraer a los animales.

Así como eso que te resplandece
nos arroja migajas de luz
                                        para encontrarnos.

Volvemos a la orilla,
un pelícano nos sobrevuela
como queriéndonos decir algo.

Pagamos la excursión con decenas de billetes
donde brilla la cara de Camilo.

El hombre nos cobra hasta la comida
con la que ha sobornado a los animales.

«Es que en este país casi no hay pan»,
digo para defenderlo.

«Salvo para los peces», me respondes.

El pelícano se posa sobre mi hombro
y me susurra:
«la democracia es tan útil
como arrojar salvavidas en un cementerio».

¿El poder se ejerce
sobre aquellos que desprecian el poder?

EL OJO DE DIOS

En la isla Unión, en el Caribe,
unos guardabosques uniformados duermen
como Cioran: con un ojo abierto.
Cuidan del lagarto más diminuto del mundo: un gecko.

(Que sabe bien que la lengua *ve* donde el ojo es ciego).

Lo buscan los coleccionistas y los seres silenciosos
para robarle el alma, quieren tragársela
ya que son los únicos reptiles que pueden «vocalizar».

Solo quedan unos cuantos.
La isla está llena de colas solitarias de otros geckos
que, para no ser capturados, se arrojaron al vacío.

Mide apenas un par de centímetros
y pesa tanto como una molécula de Adán.
El pequeño lagarto vive vigilado día y noche:
no lo dejan ni soñar a solas.

Los guardabosques ignoran, tras sus armas,
que es él, este pequeño animalito,
quien los protege y les da de comer.

Nadie sabe para quien trabaja,
nos revelan esos ángeles desechados
que abandonan sus alas
antes de lanzarse al vacío.

Puede que el ojo del gecko
sea también el ojo de Dios.

HUESOS

Usar un poema para que nos alimente
es como usar un clavo como martillo.
¿Verdad que ningún animal engorda lamiendo?

El perro nos contradice
e intenta romper el hueso para llegar al tuétano.
Da martillazos con sus dientes.

«Podría sobrevivir lamiendo tuétano», pensamos.

El perro no tiene «cartilla»,
no puede ir al colmado del Partido
para reclamar su parte.

El comunismo lo *atraviesa* de otra forma,
pero creemos que es justa.

En el mercadillo de Trinidad hay gallos
con largas patas moradas. Nos siguen.
Deben de creer que Caroline también reparte grano.

Son enormes y vienen al mercadillo a mendigar.
¿Cómo puede haber gallos
en un lugar donde no hay huevos?

Desde la terraza del restaurant podemos ver
a otro camión llegando a la bodega del Partido.

Trae más huesos, enormes,
quizá de buey, quizá de ballena.
La gente se agolpa blandiendo las «cartillas».

Entendí que para el perro
la vida tiene cierta razón política
y me sentí su igual.

Un *nadie*
canta una canción de Silvio frente a nosotros.
Se le ven las costillas debajo de la camisa de lino,
su convicción.

A Caroline le pone de mala leche
que las lágrimas de las gaviotas caigan en su cóctel.
(No es cierto, amigos, que las lágrimas de los pájaros
se acumulen en las nubes
hasta que no pueden más y llueve).

Llega por fin la comanda.
La carne es dura como un discurso,
como una utopía.

Ignoro el tipo de animal del que me alimento.
Intento romper el hueso para llegar al tuétano.
Le clavo los dientes, gruño, pero no hay manera.

«Eran de gallo, ¿verdad? —dice Caroline—,
de esos que nos siguieron en el mercado».

Una mariposa reverbera sobre nosotros
y el fémur desnudo.

Es tan transparente que no sabemos si va o viene.

Pero parece justa: deja pasar la luz.

Nuestro día termina olvidando nuestro *ser*
en un Chevrolet Bel Air rosa descapotable.

SENTIRSE PÁJARO

Creíamos que era un juego:
saltar de piedra en piedra para llegar a ser uno
con su reflejo, pero no,
el cangrejo huye de unas iguanas que lo persiguen
y que, como pequeños dioses,
parecen caminar sobre el agua.
Intuyen que es cuestión de tiempo atraparlo.

El cangrejo lo sabe.
Su padre ya las conocía
y le enseñó a saltar sin miedo entre las olas.

«Para saltar al vacío hace falta ser el vacío»,
supongo que le dijeron, como a mí.
Las iguanas no dejan de correr tras él.

Estamos tan sorprendidos de la persecución
que no la vimos dando vueltas,
no, ninguno vio su mirada caer sobre nosotros
y ahora es tarde:
el pico mojado de estrellas de una gaviota
atraviesa el mar
y se lleva al cangrejo.

Mientras asciende, me imagino su pensamiento.

Cuántas veces se habrá imaginado volar,
escapar para siempre
de esta persecución perpetua.

Por un momento,
lo veo sonreír antes de ser engullido:

al fin debe sentirse pájaro.

MANTENERSE FIEL A LAS IDEAS ES MÁS FÁCIL PARA UN PERRO

Si el peso de un hombre
es inversamente proporcional a su vacío,
el peso de un perro
es inversamente proporcional a su ladrido.

Lo sabemos y, por ello, lo saludamos
para que nos deje entrar.
El perro nos dice «buenos días».
Nosotros, en contestación, le ladramos.
Mercado de Belén se llama, aquí al lado del río Itaya.

También estuve con mi padre en el otro Belén,
allí descubrió que a Dios *lo respiramos.*

Nos advirtieron varias veces de no ir a ningún Belén.
En Tierra Santa un soldado,
aquí, en la selva, un mototaxista.

En el otro Belén mi padre se deslizó y besó
el lugar donde —dicen— nació Jesucristo.
Aquí, nosotros, nos agachamos para recibir una «limpia»
que «cura» la infertilidad.

A ella le atraen las paradas con productos esotéricos,
los «amarres» y los brebajes afrodisiacos,
(el *RC*, el *sígueme sígueme*).

Compramos palo santo, ají charapita
y jabón *abre caminos.*
También un extracto de uña de gato con maichil.

Le han dicho que deshace los tumores,
como ese que le ha brotado a mi padre en la hipófisis,
como una perla de átomos.

(Y al que oigo expandirse desde dentro de mí).

Salimos del mercado,
el perro se despide de nosotros.

Yo, en agradecimiento, le arrojo mi ser.

Al salir de Belén, en Tierra Santa,
unos soldados nos pidieron los pasaportes
y nos preguntaron si sabíamos ladrar.

«¿El peso de ser extranjero
en tu propia tierra
será el mismo que el de no ser?»,

le pregunto al mototaxista bora
que nos trae de vuelta.

«Tanto buscar el origen, la divinidad,
cuando hasta un simple gusano *suri*
es hijo de la colisión de dos estrellas», me dice.

¿El epitafio será entonces el haber nacido?

JAFFA

Vemos a un cormorán con una herida que le fulgura
y sin muletas.
Una de sus patas está fracturada y anda como si nada.

«¿No sentirá dolor?», le pregunto a mi madre,
que mira cómo el mar —esa lágrima que no pesa—,
se recoge para las gaviotas
que meten sus cabezas en los charcos buscando peces,

como yo solía meterme en su vientre
para encontrarme.

«El dolor te convierte en una suma de restas», me dice.
Nos sentamos a comer en la Plaza Yossi Carmel.
Mi madre extiende sus alas sobre la acera
y corta el pan sobre su pierna de titanio.

Aún le duele la cadera rota,
la prótesis que la sujeta como una bisagra.

«Tu abuela decía que había que dejarlo al sol,
a la intemperie,
para que se secase como una pata de cerdo.

Cubrirlo de sal gruesa, espantar moscas y escalofríos.

Cuando finalmente *el dolor*
está seco y se contrae
es cuando puede comerse crudo».

Nos quedamos en silencio;
somos una sola persona que oye el aḏān,
la llamada al rezo.

El sol desaparece tras la mezquita de Al-Bahr
y, mientras esperamos el taxi,
Jaffa es un intersticio de luz en la mirada de mi padre,
que también es un taxista judío,

un vendedor de kebab,
un cohete Qassam,
una herida que fulgura
y que puede comerse cruda.

El cormorán herido no deja de seguirnos.

Si alguna vez has aborrecido
es que te has visto
en el otro.

UN ASCENSOR ENTRE LAS NUBES

La casa recuperó su movilidad
y comenzó de nuevo a navegar.
José Lezama Lima

La calle se nos acerca como un perro mendigo
para enseñarnos sus huesos,
sus lágrimas sublevadas.
Temes que caiga por uno de los agujeros de la calzada
y que sea uno con las letrinas,
con eso que se descompone desde nosotros.

Una luz que *no es luz* nos hace posibles:
la linterna del móvil que se conjura con la luna
que nos balbucea, fatigada, su fulgor.

Un Dodge Coronet del 50 se detiene a tu lado:
«No caerá», te dice el chófer,
mientras uno de mis *yos* cae por la letrina,
justo frente a una de las sedes del Partido.

Al fin llegamos al Airbnb.
La puerta abierta del edificio, en ruinas,
nos deja ver el hueco vacío del ascensor

(que ahora es el refugio de un gato que te sonríe,
parpadeando).

«Es aquí» dices,
esta casa que late en sus fragmentos
soy yo.

Una ruina dentro de otra ruina.

Tenemos que subir las cuatro plantas
con las maletas llenas de cereales
y de tetrabriks de leche sin lactosa.

El gato nos sigue sin pensar, como un dogma.

Cuando llegamos a nuestra puerta,
veo, desde las escaleras, otra vez el cielo desnudo
y, entre las nubes, el ascensor ausente.

Está ahí, a la espera de que le demos
al botón de lo que seremos.

Como si aquí, caer por una letrina
o ir al cielo en ascensor
te terminase llevando al mismo lugar.

POR EL OJO DE LA AGUJA

CEBO DE PALABRAS

(Iquitos, 27 de diciembre de 2023)

Los peces *callan* para saciar su sed,
también el barquero al ver en lo que nos hemos metido.
Aquí, al nacer como pensamientos,
las plantas acuáticas te atrapan.

El motor espanta a las luciérnagas de río
pero es incapaz de liberarnos de un remolino de ideas.

Puede que no sea suficiente hablar con las plantas,
sino que también haga falta escucharlas.

Hemos venido a pescar pirañas,
o al menos es lo que estaba en el programa,
como dejarte leer la suerte por un mono vidente,
o nadar con delfines rosados.

Mientras el balsero intenta liberarnos,
el guía corta pieles de pollo para nuestras cañas de pescar.
Las tiramos al agua,
las pirañas devoran el cebo y escapan.
Es imposible pescar una.

El guía nos quiere distraídos
y no deja de poner nuevos trozos de piel en los anzuelos.
Pero las pirañas, como peces fantasma,
continúan, una y otra vez, llevándose los cebos.

Debe de ser por las pieles, pienso, pero no diré nada.
(Ver la paja en el ojo ajeno
nos impide ver que el iris es un nenúfar).

Desde otra canoa nos lanzan una cuerda que nos libera,
pero, minutos después, volvemos a caer atrapados
en las mismas plantas acuáticas:

sin querer hemos terminado en la red
a la que nos han traído las pirañas.

¿Son esos poemas que se tragan las palabras,
esos que nunca emergen,
los que terminan atrapándonos para hacernos ver?

Antes de marcharnos,
una piraña salta al bote: como algunos poemas
prefiere dar coletazos en el vacío
que naufragar en el papel.

Algunos peces deberían dar conferencias.

DARWIN SEGÚN LOS MONOS

Hasta un mono con dos Red Bulls es original,
piensa Charles, tras leer que «un chimpancé fugado
vuelve al zoo en bicicleta».
La mujer que lo encontró, al verlo temblar,
le dio una chaqueta y las bebidas energéticas.

La realidad ladra hasta que nos recuerda qué somos,
y sí, aunque veamos por el otro, ella está ahí,
contemplando cómo el mundo escoge a sus animales
y a los fantasmas de sus animales.

Charles va a la cocina y llena un bol con cereales.
Aún nublado,
mueve la cucharilla para disolver el azúcar del café,
de la misma manera que otros se dan vuelta a sí mismos

para disolver su yo.

Damos vueltas sin cesar a lo que nos contiene, piensa
pero no somos más que carne que brilla,
venas como cordeles de los que colgamos,
insignificantes,

peces puestos a ahumar del ser.

Tras la noticia del mono, lee otra que esta vez le hace reír:
«Según la Biblia
y los científicos de la universidad de Cornell,
el antepasado del hombre es el barro».
Cierra el periódico y se sienta a desayunar.
La evolución del hombre no es más
que la historia de un simio que se va al traste
—se dice a sí mismo.

A pesar de que el azúcar está ya disuelta,
no deja de mover la cucharilla.
Pero ¿qué es ser yo?
El yo también es un átomo —se responde—
y hasta la sociedad y sus fantasmas lo son,
incluso el ruiseñor que se ahoga en tu garganta
y habla por ti.

De pronto *yo* despierto.
Creo que Charles ha oído que voy hacia la cocina
y huye.

Sobre la mesa aún veo su café dando vueltas,
pero ya no hay nadie.

Ahora entiendo que hay que girar y girar
hasta disolverse
(y que debería poner espantapájaros
en las cajas de cereales).

EL VACÍO LO CONTIENE TODO

«Hay que reiniciar», le oigo decir al informático.
No deja de hablar,
es su forma de solucionar los problemas: hablar.
«No hay suficiente memoria para actualizar»,
viene a decirme de vez en cuando.
Ya saben, quiere que borre fotos, vídeos, poemas fallidos.
Cuando lo veo venir me hago el distraído,
como esas serpientes
que no se sabe bien si duermen o hacen la digestión.

La memoria es un autobús,
una bola de nieve que *cae* por la ladera del ser,
dirían los psicoanalistas.

Al informático, lo que le interesa, es el vacío.
Es en el vacío donde despliega su lenguaje.
Los datos lo agobian, carecen para él de valor,
total, le pagan para que mi ordenador funcione.

Hoy le he dicho que da igual, que borre lo que vea.
Que no importa que en el fichero tal mi infancia arda
o que en las carpetas del escritorio
duerman todos mis fantasmas.

«Deberías ir a tomar un café,
el proceso tardará», dice
antes de repetirme, una vez más, que no tengo memoria.

Puede que tenga razón
o que no entienda que las carencias nos completan.

Cuando un gorila quiere alejar a un enemigo
lo empieza a tratar bien,
así que me ofrezco a traerle el desayuno.
Uno es hijo de sus defectos.

Al volver cruzo la calle con el café en la mano
y, por poco, me arrolla un autobús lleno de fantasmas.
Creo que el chófer no me ha visto,
tampoco la oficinista que tropieza conmigo
o el pájaro que atraviesa mis intersticios.

Corro a verme en el espejo de un escaparate
y tampoco me veo.

Creo que el informático
ha terminado ya de borrar mi memoria.

Hay que confiar más en esos
a los que no les caemos bien.

RESEÑA SOBRE UN LIBRO DE JOSÉ-MIGUEL ULLÁN, ENCONTRADO EN UN MERCADILLO DE SEGUNDA MANO

Los libros no hacen más que esparcir nuestras cenizas.

INVOCACIÓN DE AGATÁNGELO DE VENDÔME

Primero cayó una bomba que desvió la lluvia,
luego otra que rebotó en el telescopio
del observatorio astronómico donde ella esquilaba a Aries.
Margherita Hack, una astrofísica,
temió entonces por su vida.

Ella, que solo había pisado una iglesia a regañadientes
—el día de su boda, que celebró luego en una trattoria
con un plato de espaguetis—,
invocó entonces, sin querer,
al Santo Patrón de los astrónomos
que detuvo las bombas con un paraguas.

Gracias a él —según dijo— sobrevivió
a los bombardeos que cayeron sobre Florencia
en la II Guerra Mundial.

Jamás hubiese creído que los astrónomos
tienen un santo:

San Agatángelo, un sacerdote capuchino
que, además, calculó para Poseidón
la dirección de los vientos y de las corrientes marítimas.

Supe que un día antes de su apedreamiento,
—no fue ahorcado porque los árboles
escaparon para no ser sus verdugos—
se acercó por última vez a la noche.

Allí, bajo las estrellas que le arrojaba la Osa Mayor,
al sacudirse,
vio el inicio de su último eclipse lunar.

Ese día, al mirar por su viejo telescopio,
descubrió que, del otro lado,
estaba Dios mirándolo con un microscopio.

«¿Es ese, pues, el contenido de los espejos
cuando nos miramos y no nos vemos?»,
se preguntó.

A la mañana siguiente,
la luz balbuceante del eclipse aún cubría su cuerpo
enterrado bajo una montaña de piedras.

¿Será también el santo de los poetas
un misterio estropeado?

EQUILIBRIOS

Veo las imágenes de un pulpo soñando
que se come un calamar.
Se sabe que sueña porque, mientras duerme,
cambia de colores,
los mismos en los que se *camufla* cuando se alimenta.

El algoritmo me lleva a otra noticia relacionada
que habla sobre Inky, un pulpo
que ha escapado por las tuberías de un acuario
y ha vuelto al mar.

¿Habría estado soñando con volver?

Dejo el móvil sobre la mesita de noche
—que sigue mostrando un *reel* del desaparecido Inky—
y voy al cuarto de baño.

Miro sobre el espejo
esa parte de mí que me «representa»
—pero que no soy—
hasta que se diluye.

Lo sé porque veo aparecer al pulpo que habita en mí.

Cada uno de sus tentáculos
actúa como si tuviera una mente propia.

Lo siento en las ventosas de mis manos
cuando intento aclararme la cara
con agua de mar.

Tras la máscara, ya sin jabón, veo
cómo laten en su cabeza transparente
sus tres corazones.

Todo él es *pensamiento* y todo él es *cuerpo.*

Me despierto del susto.
Me había quedado dormido mirando el móvil.

Mientras intento, otra vez, conciliar el sueño,
no dejo de pensar
en este raro animal sin huesos
que vive en ese imposible equilibrio
entre corazón y mente.

¿POR QUÉ LOS DÁLMATAS TIENEN MANCHAS?

«¿Cuál es la diferencia entre una vaca y una cebra?».

Apenas tienes tres años
y las alas —provisionales— de leche.
«¿No sabes que las cebras son seres negros
con rayas blancas,
y que, en cambio, las vacas llevan mapas pintados?».

(Claro que no lo sabes, como no sabes que tu padre,
mi hermano, sigue *cayendo*
a pesar de que está justo frente a nosotros).

Me coges la mano y el tiempo se detiene.
No dejas de hacerme preguntas.
«¿Cuál es la diferencia entre un zorro y un perro?».

«Como nosotros, los perros tienen fantasmas»,
te respondo.
Cojo tus pequeñas manos y las pongo sobre mi pecho.
«Aquí dentro hay un perro —te digo—,
¿no escuchas sus ladridos?».

«¿Qué sentiste en tu último día de ser niño?».

Como no te respondo, insistes en llamarme.
Seguimos la charla sin hacerte caso.

Te acercas entonces a mi oído:
«Tú, si te rompes, que sea por las costuras, ¿vale?».

A diferencia de la vejez,
la niñez se entierra viva.

MORDERSE LA LENGUA

Los que callan para saciar su sed.
Los que callan cuando se duchan para no espantar a las
nubes.
Los que callan para no enfadar al patrón.
Los que callan cuando al amar saben que han vuelto a
pisar la trampa.
Los que callan al recoger del suelo la sonrisa pisoteada de
un pensionista.
Los que callan para no despertar de la siesta a los
camaleones en las iglesias.
Los que callan para que la soledad no los deje a solas.
Los que callan cuando se les adelanta un pingüino en la
cola del supermercado.
Los que callan cuando al sacar dinero el cajero les escupe
un crisantemo.
Los que callan cuando se les cae una gota de kétchup
sobre un libro recién comprado.
Los que callan cuando abren la nevera y ven a una rana
rezar.
Los que callan en las asambleas de trabajadores porque
no se les da bien quejarse.
Los que callan al ver que se han dejado en casa el
bocadillo de mortadela.

Los que callan después de mirarse en una gota de lluvia
que se rompe.
Los que callan al verse en el cadáver del padre.
Los que callan al ver una película donde el único
protagonista se queda sin palabras.
Los que callan cuando un psicoanalista les da un pisotón
en el metro.
Los que callan después de ser despojados de pasaportes,
religiones e ideologías.
Los que callan cuando les riñe el médico o un pez.
Los que callan porque las palabras se les hace un nudo de
miel en la garganta y la voz se les llena de abejas.
Los que callan tras recoger los cristales rotos de su
infancia.
Los que callan cuando, como Sísifo, tienen que subir su
alma hasta la cima de una montaña para verla caer
una y otra vez.
Los que callan *para decir*.
Los que callan porque todos somos un pequeño exilio
para otro exiliado.

HUIR DEL *YO*

«Hay que huir del *yo* para encontrarlo», me dice tu padre,
mientras caminamos juntos como líquenes.
Hemos vuelto al lago,
donde aún hoy él escucha los bombardeos,
las baterías antiaéreas como flechas.

El frío hace que las lágrimas de los pájaros
caigan congeladas,
así que me protejo con un paraguas.

En el lago, solitaria,
como Artemisa enseñando a Dios el tiro con arco,
vemos a una mujer nadando.
«Viene a nadar cada día», dice tu padre,
que apenas lleva una chaqueta y los zapatos de ir por casa.
Tras saludarla, le hace señas para que se acerque.

Mientras esperamos,
tu padre me cuenta, una vez más,
la historia del afroamericano al que, por el sudor,
se le *resbaló* la oreja protésica en el metro
y el espanto que le dio a una pasajera.
«*She fainted*», dice, riendo.

(Creo que hacer prótesis para veteranos
era su forma de completarse).

Me agacho a ver mi reflejo en el agua del lago
y, de repente, veo a tu padre en la orilla
y soy yo el que nado hacia él.

«La levedad es lo primero que se sumerge
pero lo último en llegar al fondo», pienso
mientras descubro que son las heridas
las que flotan por nosotros.

Acabo de divorciarme
y esos fragmentos llegan antes a tierra,
donde tú acabas de llegar.
Los recoges y te miras en ellos,
como en un espejo líquido.

«No te preocupes —dice tu padre—, el amor
es como ese acróbata que confía más en caer bien
que en llegar al otro lado de la cuerda floja».

Cuando llego a la orilla
miro hacia arriba y me veo reflejado en ti
mientras tú te miras en el agua.

Por fin entiendo
por qué hay que huir del *yo*
para encontrarlo.

PARA UN PÁJARO TAMBIÉN NOSOTROS SOMOS PLANTAS DE INTERIOR

El vacío es apátrida,
la ballena azul que canta a 52 hercios
«la canción más triste del mundo»
y que jamás ha sido vista, es apátrida.
También las preguntas son apátridas,
como esta que se me acaba de caer de los bolsillos
para colarse por una alcantarilla.

Desde mi separación,
me siento como una planta de interior.

Aunque ya no tengo las mismas manías,
rara vez bebo en las cenas, ya no fumo.
Dirán Uds. que no tiene nada de malo ser en la ceniza,
que también las cenizas son apátridas,
pero es que empiezan a querer quedarse.

No deberíamos ventilar nuestra vida privada con poemas.

Lo detesto y por ello casi no leo poesía.

Los poemas, como las farmacéuticas,
están llenos de alquimistas y ansiolíticos.

Me agacho y con la linterna del móvil
intento ver la pregunta caída a través de los barrotes.
Muchos se han detenido a mi lado.
«¿Las llaves?, ¿un anillo?», me preguntan.

«Pierdan cuidado —les respondo—,
hasta a las ardillas se le pierden las nueces.
Y, si no,
¿cómo creen que nacen tantos árboles solitarios?».

Pero entonces la vemos revolotear entre las hojas secas.

«¿No podrías haberlo ayudado mejor?»
me dice, así sin más, la pregunta.

La dejo atrás, la multitud sigue viéndola, sorprendida.

Mi abuela, ya hecha luz, me dice al oído que no tema.
Que la pregunta, como el poema,
suele buscar entre sus escombros un yo
para señalarlo.

Paso la tarde regando las plantas de interior
que, tras las ventanas de casa,
envidian a esos árboles descuidados
que se llenan de pájaros.
La mirada de la vecina que sale a tender ropa
como la mirada del poema,
también es apátrida.

¿Podríamos haberlo hecho mejor?

Si los «borrones» son la verdadera escritura,
puede que la vida no sea más
que un puñado de tomas falsas.

EL CIEGO QUE VE

NACIMIENTOS

(Lima, 5 de enero de 2024)

La luz *no es luz* en los hospitales, *es materia.*

Y también todo lo que toca:
hace sólida la mirada o la sangre,
y hasta esa orfandad del que ya no aletea.

«No solo ellos viven heridos,
también la enfermera que llora en el catéter
o la mujer de la limpieza
que recoge las plumas de los que parten»,

nos aclaran, antes de decirnos
que «solo puede entrar una persona»,
como si fuera posible ser uno a la vez,

uno sin sus fantasmas.

El vigilante apunta mi nombre,
comparto el mismo apellido
con la persona que he venido a ver.

Tras entrar, me pierdo entre camillas y pasillos
entre enfermos que, sin conocerme,
dicen mi nombre,
hasta que un *resplandor*
me convierte en eso que he dejado de ser,

en eso que, al partirnos,
nos trae de vuelta:
soy ahora

un niño que se asoma desde su crisálida
y ve a su padre
besando la frente
de una abuela que agoniza,

como si besara un espejo
hecho añicos
en el que aún pueden verse juntos.

(Ahora te contradigo abuela:
la memoria, antes que leernos los naipes,
nos sos*tiene*
                    cuando caemos).

Hoy, al abrir el viejo armario de mi habitación
(para buscar ropa negra),
he visto ese mismo *resplandor*
que me ha traído hasta aquí,
sí, para darle el mismo beso a mi padre

que me ha tocado con su frío,
vertiendo en mí
                                        ese *yo*
que había dejado de ser
y que siempre se buscó en él.

¿También me besará la frente fría
ese hijo que agoniza dentro de mí?

hasta que los años nos hacen pequeños,
lentos, torpes,
—como centauros olvidados en las guarderías—
y nos alcanza

hoy lo que mejor se me da es no estar
si alguna vez fui un pájaro
eso que fui ha caído al fondo de mí,
con las plumas jamás usadas

y quizá eso que nos germina en la garganta,
como unas anginas,
seamos nosotros, de pequeños, queriendo decir

y por eso me busque ahora en lo que calla

tal vez residir en aquello que hemos sido
sea lo único que nos hace posibles
eso que somos en todas partes y en ninguna

¿es que el pasado no se acaba nunca?

¿o es que, más bien,
la vida es como ese buzo que «hace cumbre»
cuando llega al fondo?]

EL CIEGO QUE VE

Poco nos parecemos a los que creemos que somos.

Vamos emergiendo a tientas
desde un yo en tránsito:
de una madre que termina siendo una hija,
de un padre o pez náufrago en el iris:

hundimos los huesos en esa paradoja:
carne prestada
+ una onza de alma por cada día vivido
[o por vivir].

Ciertamente, ser es fragmentarse en el otro.

Como el carbono,
que engendró esa primera estrella
que, al explosionar,
hizo que todo, digo «todo», sea posible,
hasta nos[otros].

(Quizá por ello se dice
que mirar únicamente hacia uno mismo,
es otra forma de ceguera).

¿Si el yo es la aguja en el pajar del ser,
encontrarse es un disolverse
en el padre ausente, en la madre estrella?

Así como el ciego que, sin querer, ve
al cerrar los ojos,
aunque no se pueda tener hijos
se termina siendo padre de los padres.

DEJAR IR

Soy un hueco florido.
RAFAEL CADENAS

[muchas grietas esconden su significado
aunque caigamos por ellas,
aunque nos contengan

algunas crecen y echan raíces
como estrellas de mar,
otras se mueven o, mejor dicho, se desplazan

pero siempre vuelven a nosotros,
quizá porque nos necesitan,
al igual que un árbol necesita
de la cuerda del suicida
para saber qué tan lejos está la luz y buscarla

tú misma tienes una grieta que fulgura

quizá todos hayamos nacido
de esa confusión luminosa,
si nacer significa caer
ser

yo confié en la grieta que alumbré,
le enseñé el camino a casa y la alimenté
hasta que pudo valerse por sí misma
y la dejé ir

sin embargo, permanecía,
durante años estuvo a mi lado,
hasta que pasé yo a habitarla

ser en ella me hizo ver
que también la oscuridad alumbra,
que ser en la grieta
es también envolver,
cobijar

hoy, no obstante, es ella la que me ha dejado ir,
al igual que el ave de rapiña
que deja caer a su presa
por no aguantar más su peso

al girarme, la he visto, llena de oscuridad,
perderse entre las nubes

lejos de mí, la grieta —que es la de todos—,
solo puede ser luz,
plenitud que se cierra

quizá resplandecer sea carecer de significado]

HACER CUMBRE

El verbo no alimenta.
BLANCA VARELA

[estaba en todas partes y en ninguna,
mi abuelo me lo entregó
después de cortarle las plumas y darle un nombre

lo criamos como si fuera un perro,
arrojándole restos de comida,
sílabas de hueso y silicio,
así que aprendió a mendigar en la cocina

años después entendí que yo era aquel pájaro

fue a mí
al que llevaron al peluquero del Partido
para cortarme las plumas,
siempre cerca de la cocina
y de la sístole de mi madre

no obstante, crecemos y todo ese *no ser*
—que nos parece ahora tan inútil—
termina cayendo,
como una lágrima que nos persigue

FANTASMA DE NADIE

«¿No es el mismo trozo de ayer?»,
le pregunto al carnicero que me mira, incrédulo.
La mirada sostiene sortilegios, vacíos dentro de vacíos.

Hemos venido a comprar
1000 gramos de pata de cerdo deshuesada.
Mi madre cree que 3000 gramos no serán suficientes,
que nos harán falta otros 1000.
Eso es lo que cree.

Tras el cristal de la nevera
cuelgan y brillan los trozos del animal.
Una luz los alumbra, como a nosotros
que nos ilumina el ser del que colgamos.

El carnicero coge otro trozo;
«es el mismo de ayer», le digo.
«No, este llegó hoy.
No es posible que un carnicero
deshuese dos veces la misma pierna», dice.

«Péseme todos los trozos», le replico,
pensando que así la broma se acabará.

Pesaban exactamente lo mismo que ayer: 3000 gramos.

Al llegar a casa, vemos que el horno se ha apagado.
El gas es un fantasma con pocos amigos,
lo sabe mi madre, que abre las alas y lo dispersa.

¿Así huirá el alma
cuando se rompe la pinza de la que cuelga del ser?
Los invitados no tardarán en llegar.

Mientras pongo la mesa,
veo que las flores del cementerio
—que se cortan, vaya paradoja, para «dar vida»—,
siguen idénticas, como recién nacidas.

Que la abeja que lame la miel del desayuno es la misma
de ayer.
Que el gato del vecino sigue perdido.
Que la cuculí solitaria solloza, como anoche, al verme.

Únicamente soy yo el que ha cambiado:

ayer tenía padre, hoy no.

Ahora tengo que domesticar el doble de fantasmas.

LO QUE RESPLANDECE

Los jabalíes de Barcelona no
solo hostigan a Shakira.
El País, 2 de octubre de 2021

«Si tanto lo rechazas, tanto,
es que has visto algo de ti en él»,
dices, mientras sales con las sobras de la cena.
«¿La búsqueda del poema
es la misma que la de un jabalí buscando raíces?»,
te pregunto, pero me ignoras.

Miras atentamente a uno de esos jabalíes
que cada noche se acercan a casa.
Esta vez parece confundido, desorientado.

Los vecinos no dejan de quejarse. Y sí,
a pesar de que te han visto echarlos cientos de veces,
les sigues dando de comer,
incluso les pones nombres que nadie les pondría:
«Medea», «Rimbaud», «infancia».

Vienen porque los alimentas,
así como lo *hueco* le da de comer al poema
que mordisquea raíces.

«Puede que haya comido algo venenoso»
dices, preocupada.
Mientras el jabalí nos mira,
siento que caigo dentro de él.

Quieres darle de beber con las manos,
de la misma forma de la que yo bebía
cuando el agua corriente volvía a casa tras días de escasez.

Pero el animal se aleja y, poco después, se desploma.

Te acercas al resplandor de su caída y lo coges,
como se coge por la nuca a una serpiente
para evitar su picadura,
pero ya es tarde.

«¿Crees que sabía cómo lo llamabas?», te pregunto.

«Quién sabe —respondes—, a veces la memoria,
como una vieja ama de llaves,
nos abre al partirnos y nos hace ver».

«¿Será la escritura como ese jabalí que tiembla?».

«No, es eso que, lejos de nosotros,
resplandece.

Eso que el jabalí o la memoria o el poema
callan para *decir*».

Entro en casa y veo que soy tú y yo
y también el temblor del jabalí
en la mirada de mi padre.

¿La muerte sigue siendo muerte
si es derrotada por la vida?

Ahora sé por qué la escritura que es «sólida»
se cimenta
sobre escombros.

ÍNDICE

SED DE EQUILIBRISTA

LA MADRE DEL CORDERO

POR EL OJO DE LA AGUJA

EL CIEGO QUE VE

Esta primera edición de *Vocación de náufrago*
se acabó de imprimir en Madrid el 6 de
marzo de 2025, día del octogésimo
noveno aniversario del fallecimiento
de Carlos Oquendo de Amat
en Guadarrama, Madrid.